Lena Kölblin

# Voraussetzungen und Durchsetzung der Sicherungsverwahrung

GRIN Verlag

**Bibliografische Information der Deutschen Nationalbibliothek:**

Die Deutsche Bibliothek verzeichnet diese Publikation in der Deutschen National-
bibliografie; detaillierte bibliografische Daten sind im Internet über http://dnb.d-
nb.de/ abrufbar.



**Impressum:**

Copyright © 2009 GRIN Verlag, Open Publishing GmbH
Druck und Bindung: Books on Demand GmbH, Norderstedt Germany
ISBN: 978-3-640-76509-6

**Dieses Buch bei GRIN:**

http://www.grin.com/de/e-book/160060/voraussetzungen-und-durchsetzung-der-
sicherungsverwahrung

# SICHERUNGSVERWAHRUNG

ausgearbeitet von Lena Kölblin

Matrikelnummer

Ausarbeitung zum Referat in M 10.2

Projektspezifische Lehrveranstaltung

Prüferin:                                    Datum: 20. April 2009

# INHALTSVERZEICHNIS

# Kapitel 1: Ziel

§ 129 StVollzG: Ziel der Unterbringung

*„Der Sicherungsverwahrte wird zum Schutz der Allgemeinheit sicher untergebracht. Ihm soll geholfen werden, sich in das Leben in Freiheit einzugliedern."*[1]

Das Ziel der Sicherungsverwahrung ist also der Schutz der restlichen Bevölkerung vor dem Straftäter und soll ihm zudem die Resozialisation für ein straffreies Leben nach der Verwahrung ermöglichen. Die Sicherungsverwahrung ist daher eine Maßregel zur Sicherung und Besserung des Sicherungsverwahrten vgl. § 61 StGB und findet nach der Verbüßung der eigentlichen Haftstrafe statt.


# Kapitel 2: Betroffener Personenkreis

Wie in allen anderen strafrechtlichen Belangen kann sowohl für Erwachsene ab dem 21. Lebensjahr, als auch für Heranwachsende, Personen, die das 18.Lebensjahr, aber noch nicht das 21.Lebensjahr vollendet haben, vgl. § 105 JGG, aber auch für Jugendliche ab dem 14. Lebensjahr bis zur Vollendung des 18. Lebensjahres, vgl. § 1 Abs. 2 JGG, eine Sicherungsverwahrung in Betracht kommen. Jedoch ist hier wie bei allen Straftaten der Grundsatz der Verhältnismäßigkeit wie in § 62 StGB beschrieben zu beachten, also das Verhältnis von der Straftat zur gleichzeitigen Gefahr, die vom Täter ausgeht.

Grundsätzlich können auch Schuldunfähige nach ihrer Unterbringung in einem psychiatrischen Krankenhaus ebenso eine Sicherungsverwahrung angeordnet bekommen, sofern die Voraussetzungen wie in Kapitel 3 beschrieben vorliegen. Zudem muss auch weiterhin eine Gefährlichkeit vorliegen. Kinder vor der Vollendung des 14.Lebensjahres gelten als strafunmündig, vgl. § 19 StGB, daher kommt für sie auch keine Sicherungsverwahrung in Betracht.


# Kapitel 3: Voraussetzungen

Die Sicherungsverwahrung für Erwachsene wird in § 66, 66a und 66b StGB beschrieben, wobei in § 66 die „Unterbringung in der Sicherungsverwahrung", also wer warum überhaupt schon bereits im Urteil die Anordnung zur Sicherungsverwahrung nach der Haftstrafe erhält,

---

1  Vgl. § 129 StVollzG

geregelt wird. Hier wird angeführt, dass der Täter eine Sicherungsverwahrung angeordnet bekommen kann, wenn er zu mindestens zwei Jahren Haft für eine Tat, die das Opfer körperlich oder seelisch geschädigt hat, verurteilt wird, und bereits

1. *„wegen vorsätzlicher Straftaten, die er vor der neuen Tat begangen hat, schon zweimal jeweils zu einer Freiheitsstrafe von mindestens einem Jahr verurteilt worden ist*

2. *oder er wegen einer oder mehrerer dieser Taten vor der neuen Tat für die Zeit von mindestens zwei Jahren Freiheitsstrafe verbüßt oder sich im Vollzug einer freiheitsentziehenden Maßregel der Besserung und Sicherung befunden hat"* 2

3. oder als für die Allgemeinheit als äußerst gefährlich gilt.

Hat ein Täter drei vorsätzliche Straftaten begangen, durch die er jeweils zu einer Freiheitsstrafe von mindestens einem Jahr verurteilt wurde, und wird er wegen einer oder mehrerer dieser Taten erneut verurteilt (mindestens 3Jahre), so kann das Gericht da er nach § 66 Abs. 1 S. 3 als besonders gefährlich gilt, eine frühere Anordnung zur Sicherungsverwahrung anordnen ohne das Kriterium der früheren Verurteilung zu beachten.

Wird jemand nach wegen eines Verbrechens oder wegen einer Straftat nach den §§ 174 bis 174c 176, 179 Abs. 1 bis 4, §§ 180, 182 (verschiedene Varianten des sexuellen Missbrauchs), 224 (gefährliche Körperverletzung), 225 Abs. 1 oder 2 (Misshandlung von Schutzbefohlenen) oder nach § 323a verurteilt, wiegt die Verfehlung schwer genug und das Gericht kann auch ohne bisher erhaltene Freiheitsstrafen eine Sicherungsverwahrung anordnen. Beispiele hierfür wäre schwerer, sexueller Missbrauch oder Mord. Die Sicherungsverwahrung bereits im Urteil angeordnet bekommen können nur Erwachsen.

Diese Norm bleibt außer acht, wenn bereits zwischen der früheren Tat und der neuen fünfJahre Zeit vergangen ist, jedoch dann nicht, wenn dieser Zeitraum in einem Gefängnis oder in einer ähnlichen Einrichtung verbracht wurde.

§ 66a StGB wiederum beschreibt den *„Vorbehalt in der Unterbringung der Sicherungsverwahrung"*, was heißt, dass zur Zeit der Urteilsfindung eine negative Sozialprognose nicht ausgeschlossen werden kann. Der Gefangene wird in der Regel ca. sechs Monate vor Ende seiner Haftstrafe erneut überprüft, dann wird entgültig entschieden, ob er in die Sicherungsverwahrung kommt oder ob er nach Verbüßung der Haft entlassen wird. Dasselbe ist nach § 106 Abs. 3 JGG auch für Heranwachsende möglich, Jugendliche sind davon nicht betroffen.

---

2   Vgl. § 66 StGB

Neu ist hier § 66b, der erst im Zuge durch eine Reform über die Veränderung der nachträglichen Sicherungsverwahrung am 13.4.2007 rechtskräftig wurde, dieser Paragraph regelt die *„Nachträgliche Anordnung der Unterbringung in der Sicherungsverwahrung"*. Grundvorraussetzung hier ist es, eine Verurteilung für eine Tat im Sinne von §§ 174, 174a, 174b, 174c, 176, 179 Abs. 1 bis 4, 180, 182, 224, 225, 323a oder nach den §§ 250 (Schwerer Raub) oder 251 (Raub mit Todesfolge), auch in Verbindung mit den §§ 252 (Räuberischer Diebstahl) oder 255 (Räuberische Erpressung) erhalten zu haben, also gegen die Grundrechte wie körperliche Unversehrtheit oder die sexuelle Selbstbestimmung verstoßen zu haben.

Eine nachträgliche Anordnung zur Sicherungsverwahrung kann angeordnet werden, wenn eine Gefahr für die Allgemeinheit weiterhin gegeben ist, also neue Tatsachen vorliegen, die bei der Urteilsfindung nicht bekannt waren, zudem muss eine negative Sozialprognose zur Anordnung vorliegen. Ein einzelner Punkt alleine reicht hier nicht aus. Ebenso anwendbar ist die nachträgliche Anordnung der Sicherungsverwahrung bei Heranwachsenden und neu seit dem 12.07.2008 auch für Jugendliche Straftäter, allerdings nur dann, wenn eine Verurteilung von mindestens sieben Jahren gegeben ist, vgl. hierzu § 7 Abs. 1 und Abs. 2 JGG, und es *„müssen vor Ende des Vollzugs dieser Jugendstrafe Tatsachen erkennbar sein, die auf eine erhebliche Gefährlichkeit des Verurteilten für die Allgemeinheit hinweisen."* (Kinzig 2008, 246)


## **Kapitel 4: Vollzug**

Der Vollzug eines Sicherungsverwahrten ist grundsätzlich unbefristet.
*"Sind zehn Jahre der Unterbringung in der Sicherungsverwahrung vollzogen worden, so erklärt das Gericht die Maßregel für erledigt, wenn nicht die Gefahr besteht, dass der Untergebrachte infolge seines Hanges erhebliche Straftaten begehen wird, durch welche die Opfer seelisch oder körperlich schwer geschädigt werden. Mit der Erledigung tritt Führungsaufsicht ein".*(§ 67d StGB)


Tendenziell werden in Deutschland nur als äußerst gefährlich eingestufte Straftäter mehr als zehn Jahre verwahrt, normalerweise ist die maximale Dauer einer Sicherungsverwahrung zehn Jahre. Gilt man dennoch als extrem gefährlich, ist auch eine tatsächlich lebenslange Verwahrung möglich.
*„Der Anteil der lebenslangen Freiheitsstrafen liegt bei 0,1%."*
(Statistisches Bundesamt Wiesbaden 2003, Tab. 3.1)

Jedoch muss während seiner Verwahrung in regelmäßigen Abständen überprüft werden, ob die Verwahrung noch zulässig ist. Dabei wird beispielsweise eine erneute Sozialprognose durchgeführt. Bei Jugendlichen wird die Frist im Rhythmus von einem Jahr angesetzt, § 7 Abs. 4 JGG, bei Heranwachsenden beträgt diese sechs Monate, § 106 JGG, und bei Erwachsenen zwei Jahre, § 67e StGB.

*„Das Alter der Sicherungsverwahrten beträgt durchschnittlich 40 Lebensjahre, seit dem Jahr 2000 befand sich keine Person im Alter von 21 - 30 Jahren in Sicherungsverwahrung"*(Best 2009, 1).

Erwachsene erhalten nach der Sicherungsverwahrung in der Regel eine Führungsaufsicht nach § 68 StGB, minimal für zwei Jahre, maximal für fünf Jahre. Die Führungsaufsicht beobachtet strenger das Verhalten des Entlassenen als die Bewährungshilfe und ist zugleich auch eine Art Anlaufstelle. Jedoch ist bisher kein Fall einer nachträglichen Sicherungsverwahrung bei einem Jugendlichen bekannt, wie die Auflagen nach seiner Haftzeit sind, ist daher noch abzuwarten. Auch bei Heranwachsenden ist im Gesetzestext keine weitere Vorgehensweise vermerkt, ob daher eine Äquivalenz zu dem weiteren Verlauf nach der Haftzeit wie im Strafgesetzbuch eintreten wird, ist bisher unklar.

## Kapitel 5: Statistik

| Strafgefangene/Vollzugsdauer | 2005 | 2006 | 2007 | 2008 |
|---|---|---|---|---|
| Insgesamt | 63 553 | 64 512 | 64 700 | 62 348 |
| Männer | 60 527 | 61250 | 61 323 | 59 048 |
| Frauen | 3 006 | 3 262 | 3 377 | 3 300 |
| **Art des Strafvollzugs** | | | | |
| Freiheitsstrafe | 56 122 | 57 142 | 57 284 | 55 343 |
| Jugendstrafe | 7061 | 6 995 | 6 989 | 6 557 |
| Sicherungsverwahrung | 350 | 375 | 427 | 448 |
| **Voraussichtl. Vollzugsdauer** | | | | |
| Bis unter 3 Monate | 5 592 | 6 411 | 6 695 | 6 193 |
| 3 Monate bis einschl. 1Jahr | 20 788 | 20 814 | 20 462 | 19 597 |
| 1Jahr bis einschl. 5Jahre | 28 677 | 28 775 | 28 951 | 28 060 |
| 5Jahre bis einschl. 15Jahre | 6 262 | 6 218 | 6 192 | 6 119 |
| Lebenslang | 2 214 | 2 294 | 2 400 | 2 433 |

Quelle: Statistisches Bundesamt. Justizvollzug. Strafgefangene nach Geschlecht, Alter und Art des Vollzugs, voraussichtliche Vollzugsdauer. 2009.

Im Jahre 2008 waren insgesamt 62 348 Personen in der Bundesrepublik Deutschland inhaftiert.

Davon waren 448 in der Sicherungsverwahrung untergebracht. Wenn man bedenkt, dass die nachträgliche Sicherungsverwahrung erst seit 2007 möglich ist und man daher vermuten könnte, dass die Zahl derer, die untergebracht werden, angestiegen sein könnte, fällt auf, dass kein besonders großer Anstieg zu vermerken ist.

Seit dem Jahre 2005 ist die Zahl von 350, darunter keine Frauen, Sicherungsverwahrten nur um knappe 100 Personen angestiegen. Nicht in dieser Statistik vermerkt sind Jugendliche und Heranwachsende. Es ist auch geradezu unmöglich, bereits vor der Vollendung des 21. Lebensjahres in eine Sicherungsverwahrung zu kommen, da man als Jugendlicher dafür bereits für mindestens sieben Jahre Haft verurteilt werden musste um überhaupt für eine Sicherungsverwahrung in Betracht zu kommen. Nach dieser Zeit gilt man bereits als Erwachsener. Interessant wäre es jedoch, eine Statistik über die noch ausstehenden Verurteilungen zu erhalten, über die bereits angeordneten Sicherungsverwahrungen oder im Urteil vorbehaltenen. Ebenso eine Unterscheidung zwischen den ursprünglich nach Jugendstrafrecht und den nach dem allgemeinen Strafrecht Verurteilten.

# LITERATURVERZEICHNIS

Best, D.(2009): *Sicherungsverwahrung.* In: Feltes, T. (Hrsg.): KrimiLex. Abgerufen am 19.4.2009. http://krimlex.de/artikel.php?BUCHSTABE=S&KL_ID=166

Bundesministerium der Justiz (Hrsg./2005): *Strafrechtspflege in Deutschland. Fakten und Zahlen.* Mönchengladbach: Verlag Godesberg GmbH.

Bundesministerium der Justiz (Hrsg./2009): *§7 JGG Maßregeln der Sicherung und Besserung.* Abgerufen am 18.4.2009. http://bundesrecht.juris.de/jgg/__7.html

BVerfG (Hrsg./2009): *2 BvR 2029/01 vom 5.2.2004, Absatz-Nr. (1 – 202).*

Abgerufen am 19.4.2009. http://www.bverfg.de/entscheidungen/rs20040205_2bvr202901.html

Jüttner, J. (2009): *Aufstand gegen entlassene Vergewaltiger. Passt auf eure Kinder auf!*

Abgerufen am 18.4. 2009. http://www.spiegel.de/panorama/justiz/0,1518,611783,00.html

Kinzig, J. (2008): *Die Einführung der nachträglichen Sicherungsverwahrung für Jugendliche.* In: Zeitschrift für Jugendkriminalrecht und Jugendhilfe (Hrsg.): Fachbeiträge Jugendstrafrecht.   H. 3, 245-250.

Monath, H. / Viebig, P.(2007): *Sicherungsverwahrung für Schwerverbrecher ab 14Jahre.*

Abgerufen am 18.4.2009.   http://www.tagesspiegel.de/politik/art771,2342079

Statistisches Bundesamt (Hrsg./2009) : *Justizvollzug. Strafgefangene nach Geschlecht, Alter und Art des Vollzugs, voraussichtliche Vollzugsdauer.* Abgerufen am 18.4.2009. http://www.destatis.de/jetspeed/portal/cms/Sites/destatis/Internet/DE/Content/Statistiken/

Rechtspflege/Justiz

Statistisches Bundesamt (2004): *Strafvollzugstatistik 2004. Bestand der Gefangenen und Verwahrten, Stichtag 31.3.03.* Wiesbaden.